기린의 잠은 불편하다

우제구 시집

우제구 시집

기린의 잠은 불편하다

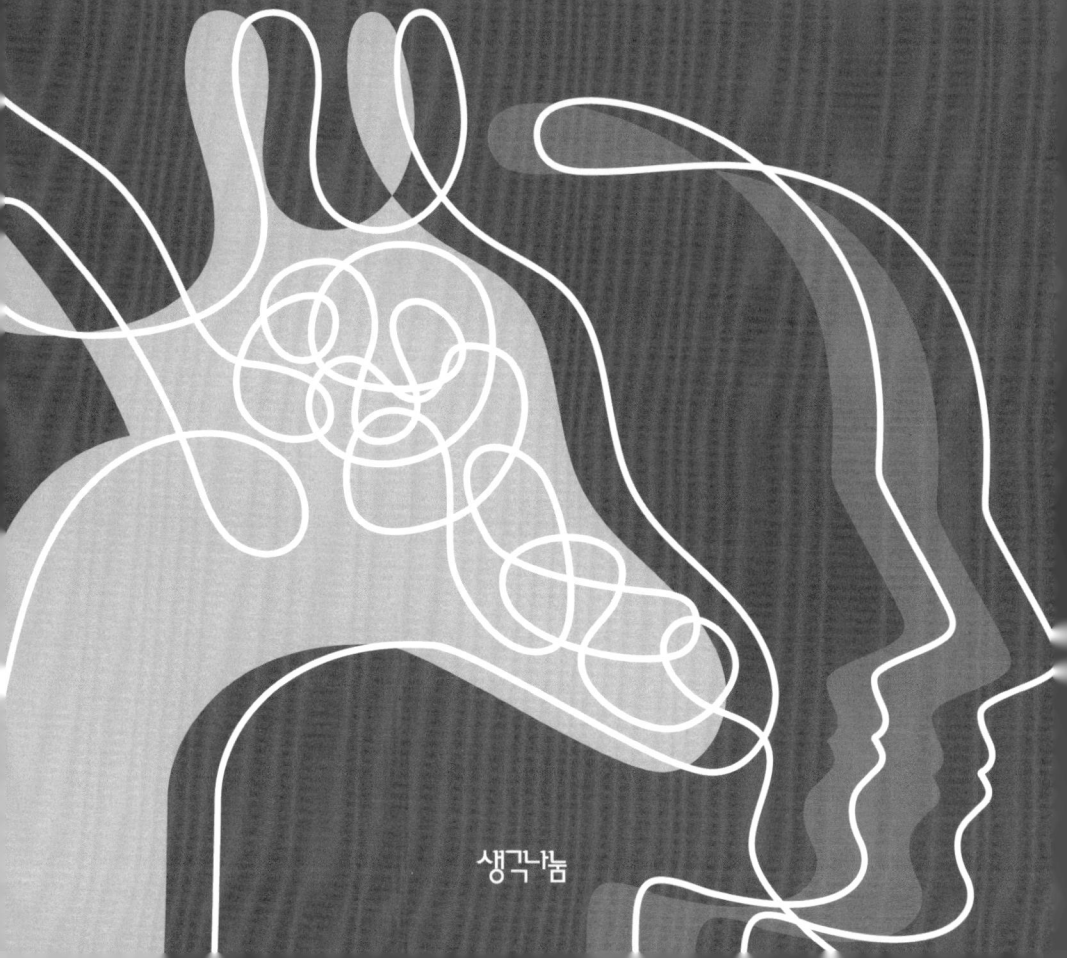

생각나눔

작가의 말

밤은 그냥 지나치지 않는다.
누군가에게는 별이 뜨는 아름다운 밤이었지만 나에게는 불면이 찾아오는 고통의 밤이었다.
시간을 겨우 쪼개어 무거운 목과 머리를 눕히는 기린이 생각났다.
짧은 잠을 청하는 기린과 너무나 닮아있는 불면을 글로써 표현하고자 하였다.

그렇게 이 시집은 태어났다.
누군가에게 이해를 받고 싶은 마음과 누구에게도 보이고 싶지 않은 절대적 모순 사이에서 매번 흔들리고 말을 하지 않으면 곧 무너질 것만 같아 주섬주섬 꺼낸 단어들, 말하고 나면 영원히 없어질 것만 같아 가슴속에 숨겨둔 나의 감정들.
가라앉은 모든 것이 이 책으로 남았다.

아무렇지 않은 글일 수도 있다.
가벼운 농담처럼 읽힐 수도 있으며 또 누구에게는 불편함도 줄 수 있을 거로 생각한다.
하지만 불면의 밤을 지닌 사람들에게 불편하나마 몸 한곳이라도 기댈 수 있는 작은 바닥이었으면 한다.

지금 이 시집을 들고 있다면 당신에게 힘이 되고 싶다.
모든 것은 좋으며 그렇지 못하더라고 곧 좋아질 거라고.

당신은 나와 함께 있다고.

25년 눈부신 여름

우 제 구

| 차 례 |

제1부

나는 오늘도 훗날 수집될 기억을 만들고 있는지도 모른다

자화상 · · · · · · · · · · · · 12
봄 비 · · · · · · · · · · · · · 14
목련차 · · · · · · · · · · · · 15
후용리 임씨 · · · · · · · · · 16
수집가 · · · · · · · · · · · · 18
병원 이야기 · · · · · · · · · 20
할 매 · · · · · · · · · · · · · 22
바람이 분다 · · · · · · · · · 24
로드킬 · · · · · · · · · · · · 25
돼지와 장마 · · · · · · · · · 26
꽃잎이 떨어져도 · · · · · · 28
안 개 · · · · · · · · · · · · · 30
문 · · · · · · · · · · · · · · · 32
흔 적 · · · · · · · · · · · · · 33
기다림 · · · · · · · · · · · · 34
가을비 · · · · · · · · · · · · 36
늦더위 · · · · · · · · · · · · 37
눈 물 · · · · · · · · · · · · · 38
발톱을 깎으며 · · · · · · · 40
청 춘 · · · · · · · · · · · · · 42

제2부

수화기 너머에 있을
사람들의 오래된 이야기를 듣고 싶다

후용리의 봄 · · · · · · · · · · · · 46
후용리의 여름 · · · · · · · · · · · 48
길 · · · · · · · · · · · · · · · · · · 50
룸미러 속 여름 · · · · · · · · · · 51
백 로 · · · · · · · · · · · · · · · · 52
공중전화 · · · · · · · · · · · · · · 55
우 기 · · · · · · · · · · · · · · · · 56
횡단보도 앞, 비 · · · · · · · · · · 58
전시회 · · · · · · · · · · · · · · · 60
봄 · · · · · · · · · · · · · · · · · · 61
개 미 · · · · · · · · · · · · · · · · 62
겨울 이야기 · · · · · · · · · · · · 63
시를 썼다 · · · · · · · · · · · · · 64
문 득 · · · · · · · · · · · · · · · · 65
가을 오후 · · · · · · · · · · · · · 66
그리움 · · · · · · · · · · · · · · · 67
젓가락 줄까요? · · · · · · · · · · 68
가을비 · · · · · · · · · · · · · · · 69
후용리의 시월 · · · · · · · · · · · 70

제3부
가슴 저미도록 아파했던
계절들의 배반도 슬프지 않습니다

사연들 · · · · · · · · · · · · · · · 74
입 춘 · · · · · · · · · · · · · · · 76
서랍 속 기억 · · · · · · · · · · · 78
18.1km · · · · · · · · · · · · · · 79
폭 설 · · · · · · · · · · · · · · · 80
시린 아침 · · · · · · · · · · · · · 81
가을을 반으로 접었다 · · · · · · · 82
데칼코마니 · · · · · · · · · · · · 84
나는 낙엽입니다 · · · · · · · · · 86
눈 내린 후에 · · · · · · · · · · · 87
입 추 · · · · · · · · · · · · · · · 88
오 월 · · · · · · · · · · · · · · · 89
거리에서 · · · · · · · · · · · · · 90
월요일의 단풍 · · · · · · · · · · 91
창 · · · · · · · · · · · · · · · · · 92
서리꽃 · · · · · · · · · · · · · · 93
문틈 사이 · · · · · · · · · · · · 94
홍 어 · · · · · · · · · · · · · · · 95
의 자 · · · · · · · · · · · · · · · 96
추 석 · · · · · · · · · · · · · · · 97
숨 결 · · · · · · · · · · · · · · · 98

제4부
리어카를 끄는 사람의 뒷모습이 불빛 아래 노랗게 물들어 있다

일요일 아침 · · · · · · · · · 102
늦여름 · · · · · · · · · · · 103
물방울을 본다 · · · · · · · · 104
첫 눈 · · · · · · · · · · · · 105
기 억 · · · · · · · · · · · · 106
기린의 잠은 불편하다 · · · · · 108
손톱들 · · · · · · · · · · · 110
가 방 · · · · · · · · · · · · 111
골목길 · · · · · · · · · · · 112
양파가 이쁘다 · · · · · · · · 113
장마전선 · · · · · · · · · · 114
아침 풍경 · · · · · · · · · · 115
구 토 · · · · · · · · · · · · 116
필리핀에서 배운 겨울 · · · · · 117
풀 꽃 · · · · · · · · · · · · 118
벽 · · · · · · · · · · · · · 119
창 백 · · · · · · · · · · · · 120
고 백 · · · · · · · · · · · · 122

시집 해설 · · · · · · · · · · 125

제1부

⋮

나는 오늘도 훗날 수집될 기억을
만들고 있는지도 모른다

자화상

식사를 하기 위해
숟가락을 들었다
주방등을 고스란히 받아 저녁이
하얗게 저며지고 있다

사내는
숟가락에 비친 불빛과
비에 젖어가는
봄을 지켜보고 있다

매섭게 부는 찬바람과
흐릿하게 비치는 봄빛과
서툰 꽃잎들의 몸짓을
사내가 조용히 바라보고 있다

겨울을 뒤로한 계절은
그의 눈앞에서 아른거리며
오늘 완성되지 못한 마지막 문장의
시를 쓴다

움푹 파인 숟가락 안에
봄을 닮은 사람들은
바람에 날리는
상실의 꽃잎을 이야기하고 있다

세찬 바람 사이로
꽃잎이 던져지듯 내팽개쳐지고
시는 비릿한 냄새를 풍기며
바람 따라 너울너울 사라져 갔다

바람 위의 구름이 유난히 까만 날
주방등 아래에는
힘겨운 사내의 그림자가
숟가락 안에서 은빛으로 일렁인다

봄비

비가 오면
차창에 꽃이 핀다
타닥타닥 만개하다
이내 사라진다

민들레가 피고 지고
철쭉 닮은 꽃도 피었다 진다
선명하지 못한 꽃들의 모양은
윈도 브러쉬에 씻겨 지고 만다

봄비가 너풀너풀 날리는 날
꽃들이 유리창을 두드리다
스며들지 못한 채
사라지기를 반복한다

비가 오면
차창의 꽃들이 삐걱거리며 진다
비에 젖어
사르르 봄이 진다

목련차

추위가 채 가시기 전
아파트 모퉁이 끝에 서 있는
이미 죽은듯한 나무엔
하얗게 목련이 피어날 것이다

조그만 꽃망울을 만들어
봄이 머지않았음을 전해줄 것이고
꽃망울은 곧 하얀 꽃잎으로
초록으로 다가오는 봄을 맞을 것이다

나는 봄이 더 짙어지기 전에
별처럼 반짝이는 목련 봉오리를 따서
햇빛 가득한 창가에 앉아
뜨거운 물을 부어 차로 우려낼 것이다

찻잔 속에서 퍼지는 목련향은
차분히 봄을 읽어낼 것이고
어른어른 비치는 잔 속의 하얀 겨울을
후후 불어내며 조금씩 조금씩 마실 것이다

후용리 임씨

후용리 기슭을 따라 흐르는
가느다란 용수천이
매서운 겨울을 뒤로하고
졸졸졸 신이 났다

저녁이 올 무렵
임씨는 가게 문 앞에서
목발에 기댄 채
에쎄체인지 1밀리 두 갑을 사고

자꾸 곪아서 몇 번의 수술을 한
다리 얘기에 침을 튀긴다
아프면 무조건
서울에 있는 큰 병원으로 가야 한다고

몇 번이고 들은 얘기지만
매번 새롭다는 인사로
고개를 몇 번 끄덕이고
중간중간 감탄사를 뱉어내야 한다

담배 두 개비를 연이어 피고
입에 침이 마를 때쯤
힘겹게 오르막길을 올라
경동대 앞 자기 밭을 물끄러미 바라본다

잠시 석양이 앉았던 자리는
어둑어둑 밤이 찾아들고
희끗한 달이 떠오를 때쯤
임씨는 발걸음을 옮긴다

집으로 향하는
임씨의 무거운 플라스틱 깁스 위로
봄기운 가득 안은 달빛이
절뚝이며 따라나선다

수집가

오랜만에 보는 티브이에서
우스꽝스러운 것들을 모으는 사람을 봤다
라면 봉지, 과자 봉지, 껌 종이
이제는 쉬이 볼 수 없는
아주 오랜 세월의 흔적들이다
곱게 펴 힘을 주어 다림질한다
세월이 그리 쉽게 다려질까

시간여행을 하는 듯하다
60년대의 삼양라면을 얘기하고
70년대의 십 원짜리 뽀빠이를 꺼내 든다
80년대의 아카시아 껌 종이도 할 말이 많은 듯하다
세월에 접혀 지워지지 않은 주름은
앨범 속에서 제각기 묵묵히 흐른 시간을 얘기하고 있다

삶은 기억을 수집하는 과정이 아닐까
지나간 시간의 조각들을 모아서
하나하나씩 맞춰가며 살아가고 있진 않을까
감추고 싶고 또 펼치듯 자랑하고 싶은

나는 오늘도
먼 훗날 수집될 기억을 만들고 있는지도 모른다

병원 이야기

그림자로 길게 자란
목발의 움직임 소리가
매번 그렇듯
가게 앞에서 멈춰 섰다

임씨의 서울 병원 예찬론은
오늘도 어김없다
다리뼈가 보일 만큼
살을 도려낸 이야기와
빨리 나으려면
무조건 서울을 가야 한다며

나는 한 번도 못 가봤지만
스무 번도 더 다녀온 듯한
서울 병원 이야기에
애써 끊은 담배 연기를 함께 마시며
까맣게 변해가는 하늘을 힐끗 올려다본다

퇴원 이야기가 나올 때쯤

인적 뜸한 후용리와
임씨의 병원 이야기가
조용히 봄비를 맞고 있다

이제 손에 잘 익은 알루미늄 목발은
빗방울을 매달다 털어내기를 반복하며
스쳐 가는 봄보다 빠르게
철거덕 철거덕 소리 내며 젖고 있다

할매

열일곱 시절
봉긋한 젖가슴으로
지나가는 남자의 발자국 소리만 들어도
콩콩 뛰는 심장을 가졌을 텐데

무명쌈 고이 접어
삐져나올세라 단단히 묶어
있는 듯 없는 듯
깊이 감추었을 텐데

가슴 옥죄던 시집살이도
먼저 간 남편에 대한 미움도
모두 다 벗고 나니
장마철 소나기처럼 시원하다

몇 해 전 장사를 치른
구순이 다 돼가던 옆집 막순이 언니도
노인 일자리로 동네 쓰레기 같이 줍는
한집 건너의 동생 순녀도 그렇게 산다

어깨 위에 짊어진 무거운 세월로
공벌레처럼 굽은 등으로 사는
팔순 훌쩍 넘은 할매
채 여미지 못한 시간들만 언뜻 보일 뿐이다

바람이 분다

그 날 하루
무심하게 부는 바람은
따스히 감싸줄 줄 알았는데
겨울바람에 묻은 봄빛 얼룩뿐이었다

겨울은 꼬리에 꼬리를 물고
쉬이 떠나지 못하며
바람 속에 잠깐 스민 봄이
어쩌다 코끝을 스쳐 지날 뿐이다

나무들은 아직
퀭한 모습으로 삐걱삐걱 흔들리고
혼자서 반짝이는 살갗의 용수천만이
물길 따라 바쁜 걸음이다

바람 불면
후용리 마을 모퉁이마다
채 여물지 못한 웃음소리와
아주 오래된 낡은 미소가
까만 비닐 봉투가 되어 이리저리 섞여 나부낀다

로드킬

안개 자욱한 새벽
로드킬을 당한 새끼 고라니가
자동차 파편과 함께
전용도로 한 켠에 누워있다
룸미러 너머로 보이는 광경이 애처롭다

펜스는 결코 안전하지 못했다
넘어가지 못할 것이라는 건 인간의 잣대일 뿐
어쩌면 넘어보라는 유혹이었는지도 모른다
안전펜스가 악마의 눈처럼 찢어져 있다

정해놓은 경계를 넘은 죄는 잔혹하다
새끼의 울음이 자동차 바퀴 밑에서 서럽다
길게 뻗은 자동차 전용도로가 몸서리친다
저 길 끝 어미의 하얀 울음이 자욱하다

돼지와 장마

가게 문을 열고 나가니
악취가 진동한다
조금 전 그 차인 모양이다
일주일에 한두 번쯤은 꼭 지나간다
보질 못해 실려 가는 돼지에 대해
측은한 마음은 없었다

살아가면서
그런 냄새 한번 안 맡아볼까
아니 그런 냄새 한번 안 풍겨볼까

하늘이 까매지는 듯하더니
이내 빗줄기가 거세진다
장대비다

악취도 빗줄기에 씻겨가고
지나가다 흘린 듯한 배설물도 씻겨
하수구를 향해 둥둥 떠내려간다
깨끗할 것도 없을 것 같은

내 마음도 후용리 하수구를 따라
힘없이 떠내려간다

꽃잎이 떨어져도

섬강은 아직 안갯속에 머무르고
습기 찬 필로티엔 꽃잎이 소복하다
이 많은 꽃잎들은 모두 어디에서 왔을까
아무리 둘러보아도 꽃나무가 보이지 않는다

바람이다
꽃잎은 바람이 내어준 길을 따라와
때론 작은 소용돌이로 길을 잃었고
침묵의 순간에
조용히 필로티로 내려앉았다

꽃잎은 잠시 서성이다 갈 것이다
사람들의 봄이 기억에서 사라질 때쯤
바짝 마른 길 위에서 뒹굴다
결국은 흔적도 남기지 않을 것이다

꽃잎이 떨어져도
나는 슬퍼해야 할 이유가 없다
술잔엔 아직 술이 남아있고

매번 반복되는 아내의 잔소리와

봄은 더욱 깊어질 테니

안 개 - 후용리 가는 길

이른 아침 후용리를 향했다
자동차 전용도로가 끝날 무렵 보이는
이제는 낯익은 불투명한 장막이
영혼들의 세상인 듯 자욱하다

깊은 안갯속을 향해 질주하며
갇힌 도시로 들어선다
비상등이 악마의 눈처럼 깜박인다
붉고 노란 눈들이 도로 위에서 의식을 행한다

문막교에 가까울 무렵
비가 온 듯 앞유리가 젖어있다
윈도 브러쉬로 창문을 닦고 보면
안개는 섬강*을 고스란히 삼켰다

왕복 4차선의 신작로에선
옅은 신호등 불빛만이 이정표가 된다

작고 하얀 후용리가 보인다
안개는 계속 진화 중이다

*강원 남서부를 흐르는 강, 남한강과 합류

문

자정을 조금 넘겨서야 가게 문을 닫는다
후용리는 어둠에 갇힌 지 이미 오래다
가끔씩 새어 나오는 방들의 불빛만이
잠 못 이루는 청춘들의 눈처럼 반짝인다

말 없는 밤은
때때로 불어오는 바람결에 흔들리다
이리저리 뛰는 낙엽에 깜짝 놀라
찬 겨울 서늘함을 더해간다

지나가는 배달 오토바이
맹렬한 소음은 잠든 아스팔트 위로 미끄러지고
저 멀리 불빛으로 사라질 무렵
등을 돌리고 피곤에 지친 문을 잠근다

흔 적

올해 초 문경에서 본 김룡사의 철쭉은
이제 남김이 없겠지
꽃잎은 씻기고 날리고 꺾여버리고
이젠 푸른 잎들만 무성하겠지

간절함으로 합장하며
쌓아 올린 작은 돌탑들은
칠월 세찬 빗줄기로
형태를 잃어버렸을 테고

비가 오면 온몸을 다 적시고
바람 불면 힘없이 쓰러지는데
꺾이지 않고
무너지지 않는 삶이 어디 있겠나

바람도 나를 스쳐 지나가고
빗물도 이미 나를 적시고 갔는데
살다가 그냥
작은 흔적 하나 남기고 가면 되지

기다림

새벽녘
아직 불이 꺼진 아파트에
매미의 울음소리가
이 벽 저 벽에 부딪히길 반복하다
열린 창문들 사이로 돌아든다

그래
하고 싶은 말들이 많을 거야
오랜 세월을 입은 푸른 잎들과
미친 듯이 뜨거운 태양을 향한
기다림이었으니

모를 수도 있겠지
절망의 얼음장 밑 그 땅에서도
타버릴 것 같은 뜨거운 흙 아래서
예닐곱 해의 거듭되는 고행을 이겨내야
비로소 탈피를 할 수 있다는 것을

어쩌면 매미와 닮아있는

겹겹의 껍질 속 군상들의 삶이
시나브로 배워버린 기다림에 지쳐갈 쯤
혹시나 하고 가만히 눈을 들면
아름다운 가을빛이 보이지 않을까

가을비

혹여나 하고
챙겨온 우산이 고맙기는 하지만
피부 속으로 스며오는
차가움은 아직은 낯설다

괜한 우울함을 핑계 삼아
못 이기는 척 마신 술이
희뿌연 달무리 언저리에
걸쳐질 때 즈음
술도 그치고 비도 그치고

이제 펼친 우산을 접고
여태 묻어있는 여름조각
탁
탁
털어내려 한다

늦더위

길가는 사람들의 손에서 아직 부채는 바쁘다
쉴 줄 모르는 바람몰이에
보는 나도 함께 땀방울 훔친다

이곳저곳 기웃거려도
가을의 행색은 보이지 않는다
한여름이다

종이 위엔 이미 가을이 써지고 있는데
시인의 가슴엔 이미 코스모스가 피어있는데
긴 여름이 길을 몰라 헤메일 때
시인의 종이엔 가을이 익어가고 있다

눈물

오십도
중반을 훌쩍 넘긴
그에겐
눈물이 없다

자랑까진 아니더라도
이렇다 하게
내세울 것도 없이
살아온 그에겐
눈물이 없다

시커먼 얼굴
물러빠진 웃음
세월을 못 이겨 가늘어진 머리칼
그에겐 눈물이 없다

그저
목젖에서 가슴 저 밑까지
깊이 파인

골 하나 있을 뿐
그에겐 더 이상 눈물이 없다

발톱을 깎으며

나에게는 못생긴 발톱이 있다
누렇게 바랜 색과
울퉁불퉁한 생김새와
발가락을 지독하게 파고드는 발톱이 있다

못생긴 발톱을 깎을 때면
수술에 가까운 도구가 필요하다
날이 들어갈 틈도 없어 어렵게 깎아 가면
온갖 원망들로 어지럽다
발톱을 닮은 듯한
삐뚤어진 세상을 이기지 못한 마음이
걱정이 되고 눈물이 되어
못생긴 발톱 위로 떨어진다

발톱이 나에게 묻는다
얼음을 뚫고 나오는 노란 복수초와
날카로운 바람 속 매화를 본 적이 있느냐고

빨개진 얼굴을 숨기며

괜스레 다가오는 차가운 봄에게 되묻는다
발톱을 깎는 게 왜 이렇게 어려운지
아직은 시린듯한 봄날에
못생기고 누런 발톱은
야무지고 거친 손놀림에
산산이 부서진다

청 춘

봄은 연록의 배를 타고
짙은 초록의 강을 건너고 있다

바람에 나부끼는 이파리들이
봄빛 아래에서 반짝일 때면
가슴속 깊이에서 멈춰있던
정적의 시간들이 깨어나고
별보다 많은 그리움이
내 젊은 날의 시구처럼 다가온다

아픔이 바람처럼 일고
후회가 비 되어 내리면
길가의 꽃잎은 지나간 시간처럼 낯설다

늦은 계절은 그렇게 가려 하고
저만치서 아른대는 여름이 느껴질 때
희끗한 머리의 사내가
한동안 눈시울을 붉히고 있다

제2부

⋮

수화기 너머에 있을
사람들의 오래된 이야기를 듣고 싶다

후용리의 봄

아직 찬 이른 아침
섬강의 옅은 안개와
시샘 가득한 곱은 바람 따라
후용리 어귀로 들어선다

봄을 준비하는 사람들의 분주함은
뿌려둔 퇴비 냄새에도 흠씬 묻어나고
일찍부터 등교를 서두르는
학생들의 바쁜 걸음 따라 팔랑인다

끝이 없을 것 같았던
짐 정리가 끝날 때쯤
한숨을 돌리고 의자에 앉으면
편의점 창문에 붙은 홍보물 사이
헤집고 들어오는 봄볕 하나 반갑다

어느덧 계산대엔
삼각김밥이 줄지어 오르고
해장용 초코우유가 날개를 달며

심각한 얼굴의 담배 바코드를 내민다

눈이 녹으면 찾아오는
어김없는 철새의 등장과
따스해진 오후의 하릴없는 기다림은
어느새 깊어가는 봄으로 편집된다

후용리의 여름

이른 아침 밭일을 마친 그들이
가게 문을 열고 들어온다
손에 든 까만 비닐 봉투엔
이미 풍성한 햇빛으로 가득하다

에쎄체인지 두 갑으로
가득 찬 곳간을 보듯
형광등에 비친 주름진 얼굴은
만족으로 빛이 난다

세련된 투플러스원 커피 향이
필로티를 가득 채울 때쯤이면
칠순은 됨직 보이는 동생도
커피 향을 더 하고
한여름의 농담은 그칠 줄 모른다

빈 캠퍼스의 칠월
어슴푸레 내리는 저녁 즈음
내일 아침은

좀 더 일찍 출근해 보리라는
석연찮은 다짐과 함께
가게 문을 닫고

석양 짙어가는 후용리에
한여름의 비밀번호를 걸어둔다

길

여름이 가고 있다
유난히 느릿한 걸음으로
자신을 고스란히 받아들인
뜨거웠던 길을 가고 있다

아무렇지 않은 듯한 시커먼 아스팔트 아래에는
여름이 남긴 무언가가 잔뜩 있을 것만 같다
예초기가 지나간 뒤 이리저리 뒹구는
잡초들의 비명을 들은 것도 그 길 위에서였다

무작정 퍼붓던 물 폭탄은
고스란히 안개가 되어
흐린 영혼으로 길 위를 떠돈다
숨쉬기에도 벅찼든 뜨거웠든 공기가
살랑이는 바람 아래 잔뜩 웅크린다

비릿한 물 냄새가 가실 무렵
여름이 떠난 길을 따라
또 다른 계절이 온다
나는 그 길 위에 서 있다

룸미러 속 여름

먼지는 생각보다 단단히 굳어 있었다
오랜 장마로 세차를 못 한 이유도 있었겠지
뒤차의 불빛에 때론 꽃으로 피어나기도 하고
가끔은 개미의 집처럼 정교한 자태를 보인다

유리창 위에서 갈 길을 몰라 하던 물방울들은
모르는 척 기대 그에게 스며들기도 하고
바람에 실려 뭉쳐진 물방울의 속도는
속절없이 흩어져 버리고 만다

깨진 유리창의 균열처럼 찢긴 듯한 행색은
결국 거센 장맛비의 압박을 이기지 못했다
비가 그치고 여름은 끝자락을 보인다
룸미러 속 세상이 다시 뿌옇게 변하고 있다

백 로

흔들림

산 중턱을 넘실대는
짙은 안개의 등을 타고
가을은 왔다

애써 훔쳐둔 여름 기억은
서늘한 바람 따라 흩어져 버리고
산은
색동의 옷을 입고
시간이 주는 장단에 맞춰
춤을 추기 시작한다

제 몫을 다한 붉은 빛 낙엽은
바람의 끄트머리에서 나부끼고
도로 옆
아무렇게나 자라난 풀들은
시들어 죽어가고 있다

키가 큰 코스모스의 고갯짓에
속울음으로 피어난 갈대숲 사이로
깊은 가을이 숨어든다

시 인

밤이 되면
지상의 불빛들이 하늘로 올라
다시 별빛으로 부서진다
차가워진 별빛이
술에 취한 노신사의 구두 위로 떨어진다
별빛은
파편처럼 사방으로 튀어
사람들 가슴 속
시월의 문을 열고
노란 들국화로 피어난다

시월을 닮아
꽃을 닮아 아름다운 시인은
낙엽 끝에 매달린
사람들의 시선과
갈대 숲 속
이리저리 부딪히는 바람 안에
깊어가는 가을을 몰래 숨겨두고 있다

공중전화

공중전화기가 사라졌다
내가 살아가고 내가 사랑하는 것들을
빨간 전화기에 기대어 얘기하고 싶지만
어디에도 보이지 않는다

빼곡히 적어둔 얼룩진 전화번호를 찾고
주머니 속 반짝이는 동전을
작은 투입구에 넣으며
허락된 시간에 이야기를 하고 싶다

수화기 너머에 있을
사람들의 오래된 얘기를 듣고 싶다
그리움이
빨간색 공중전화처럼 모두 사라지기 전에

우기

시도 때도 없는 빗줄기에
가슴 밑동까지 젖어온다
채솟값의 들썩임을 봐도
쉬이 그칠 비가 아니다

비는
바람에 몸을 맡긴 듯 이리저리 휘돌며
탱고의 스텝을 흉내 내고
도로 위 네온사인의 반영은
어깻짓에 맞춰 형형색색 찬란하다

비보로 가득한 검은 아스팔트는
그네들의 가슴처럼
깊이 파인 생채기로 가득하다
고여있던 물이 차 바퀴에 튕겨
경험해보지 못한 슬픔으로 부서진다

이제는
이제는 하며

올려다본 하늘이
가여운 듯 설핏 내어주다 마는
햇빛 한 점이 못내 아쉽다

횡단보도 앞, 비

오늘도 선두는 보이지 않는다
전사들이 모두 출발선에 서 있다
소 떼들처럼 지나치는 차들 너머
반대편의 무리도 마찬가지다

잿빛 구름이 엄습한다
빗방울이 떨어지자
아스팔트는 타는 냄새로 가득하다
곧 시작을 알리는 불빛이 깜박이기 시작한다

파란 불빛을 등지고
선두가 앞장서기 시작한다
뒤따르는 전사들의 발걸음이 빨라진다
휴대폰 속 안부가 흔들리고
완성하지 못한 카카오톡이 뛰기 시작한다
먼저와 나중이 섞이고
선두도 없어졌다

빗줄기가 세차진다

그들이 아스팔트 위에서 사라지기 시작한다
깜빡이던 파란불과 함께 없어진다
모두가 빗속에 녹아들었다
사람들은 횡단보도 끝 빗물 속에서 어른거린다

하얀 선들은 다시 사람들을 갈라놓는다
또 다른 사내가 횡단보도 앞에 홀로 서 있다

전시회

무덥던 여름날의
얼룩진 땀방울은
저 멀리 떼어두고
연신 재난에 숨 가빴던
아나운서의 목소리도
저쪽 구석진 곳으로 옮겨둔다

손닿은 곳마다 하나도 남김없이
여름을 닮은 것들을 치워야 한다
새롭게 채울 빈자리를 만들어
곧 펼쳐질 다른 계절을 준비해야지
여름으로 가득했던 전시장에 이젠
황톳빛으로 풍요로운 가을을 전시할 테니까

세상을 살아간다는 건
매번 찬란히 빛나는 계절마다의 전시회에
두근거리는 가슴으로 입장하는 거니까

봄

봄이 눈 속으로 들어왔다
아직 여물지 못한 성근 봄이
옅은 초록이 되어
내 눈 속으로 들어왔다

햇살 아래 작은 바람 되어
죽은듯한 풀잎 위를 스치며
느릿한 걸음으로 오는 봄이
사람들의 눈 속으로 들어온다

봄은 정류장마다 핀 벚꽃처럼 머물다
정해진 노선 따라 팔랑이며 지나갈 것이다
애쓰지 않아도 사람들은 안다
지나가는 네가 봄인 것을

개 미

짧지 않은 해 걸음에
힘에 겨운 삶들의 아우성이
파편처럼 술잔 위로 떨어진다

새벽 즈음 돌아온 기억은
후회의 강 위에서 멈춰있고
오그라드는 손가락만 애달프다

초라해진 가슴은
토굴처럼 찢겨지고
그 사이에 개미들이 산다

그렇게 개미로 산다

겨울 이야기

겨울엔 많은 이야기를 가지고 산다
하지만 눈 속에 품고 있을 뿐
겨우내 쓰러진 풀잎들이
오랜 시간 말이 없다
나의 겨울도 검은 시간으로 길게 머문다

겨울 이야기는
잠시 비친 햇살에
봉가완 맹그로브숲[**]의 반딧불이가 되어
햇살사이를 수백(數百)으로 날아다니며
살아있다는 듯 내리는 눈으로 반짝인다

기억은 잊혀지지 않은 이야기일 뿐
어느 누구도 강요하지 않았다
손끝이 아려오는 기온에
풀잎들의 차디찬 이야기를 들으려
오늘밤 두꺼운 겨울을 베고 눕는다

[**] 코타키노발루의 반딧불이 대량 서식지

시를 썼다

눈부신 가을 하늘 아래 서서
시를 찾기 위해서였다
가까스로 찾은 시어들의 차가운 몸짓에
몸살을 앓았다

반란이 시작되었다
서로를 할퀴고 밀어내는 싸움이 시작되었다
종이 위는 처참한 흔적들로 가득했다

시를 찢었다
아침, 휴대전화, 아스팔트, 자동차, 잡초
시는 산산이 부서져 책상 위로 떨어졌다
다시는 보지 않을 거라 생각하며 눈을 감았다

어느새 감은 눈 위에서 시가 아른거린다
종이를 꺼내 든다
아직 서툴고 진부한 목소리로 또 시를 읽는다

문득

달콤한 꿈에서 깬다는 게
얼마나 허망한 일인지 알고 있다
시계는 아직 어두운 네 시쯤으로 가고 있고
절전모드의 정수기는 얼음 내놓기를 거부한다

엎어진 슬리퍼를 신고 나왔다
밤은 아직 무겁게 눌러앉아 있고
고개 숙인 가로등 아래엔
그림자들이 가득하다

반쯤 허물어진 달빛이
키 작은 나무들 사이에 숨어들고
어둠을 하얗게 물들인 옅은 안개와
담배 연기는 내 허리춤을 감고 있다

어디선가 날아온
한 무리의 참새떼들로
발밑의 생명들도 잠을 설칠 때쯤
내 생각의 부리는 푸른 여명을 쪼고 있다

가을 오후

새벽 찬 이슬의 성가심이
흔적도 없이 사라진 오후
바람 따라 모였다 흩어진 낙엽 위
조각난 햇빛들이 한가롭다
뿜어낸 담배 연기는 허공에서 맴돌다
가을 햇살에 덥석 안겨버리고

어느새 나타난 고추잠자리는
오래된 나무탁자 모서리에서
제자리를 오르내리는 비행에 지쳐 있다

저물면 사라질 긴 그림자는
말라버린 나뭇가지가 내 탓 인양
석양의 반대편을 향해 선다

그리움

발뒷꿈치를 드는거야

한시도 편할 수 없는 가슴안고
젖어있는 눈동자엔 그대를 담고
쫑긋 서서 듣고 싶은 당신 이야기를
기다리고 또 기다리는 거야
그렇게 그리워하다 힘에 부치면
아무도 모르게
뒷꿈치를 살폿 내리면 돼

그래서
그리움은 발뒤꿈치야

젓가락 줄까요?

걸음걸이가 불편한 사람들이 가게로 들어왔다
인솔자가 조심스레 안내를 한다
말과 걸음걸이가 무척이나 어눌하다
얼굴엔 세상에 없는 미소가 보인다

김밥과 햄버거와 커피를 들고
조금은 불안하게 계산대에 올려놓는다
세 사람의 메뉴가 다들 비슷하다
미소도 그렇다

바깥 시식대에서 모두 펼쳐놓고
잘 알아들을 수 없는 대화를 나누며 먹는다
젓가락 줄까요?
뒤틀리는 손으로 먹는 모습을 보고 물어봤다

이 사람들 젓가락 사용을 못 해요
잠시 어리석음에 몸 둘 바를 몰랐다
김밥과 햄버거를 온몸으로 먹고 있다

올려다본 후용리 하늘은 구름도 없이 파랗다

가을비

앙상하다
긴 시간들은 여윈 갈빗대 사이와
얼마 남지 않은 흰 머리칼 속에
숨어있다

구석지고 좁은 샤워실 의자에
등을 구부리고 앉아 있을 때
허공엔 뿌옇게 핀 물안개가
조용히 그의 모습을 감추기 시작했다

서 있을 힘조차 없는 것일까
혹시나 다른 사람들에게
자신의 모습을 거추장스럽게
보이기 싫은 까닭일까

작아진 몸을 느리게 씻고 있을 때
조그만 샤워부스 너머로 아버지가 보인다
고개 들고 올려다본 목욕탕 창문 밖은
언제부터 내렸는지 모를 가을비가
시월의 막바지를 차갑게 적시고 있다

후용리의 시월

차 문 손잡이엔
어느새 흥건히 시월이 젖어있다

섬강 위로 일어선 안개는
낮은 산 위에 머물다
문막교 형체를 뿌옇게 감추고는
도로 위에서 검게 말라간다

등이 굽은 후용리 할아버지는
쇠집게를 손에 꼭 쥐고 있다
형광색 조끼를 입고
동네 쓰레기를 주울 준비다

할아버지의 얼굴엔 소년이 있다
조끼보다 더 밝은 웃음으로
쇠집게를 가드레일에 두드리며
매번 콧노래를 흥얼거린다

가는 길에 뭔지 모를

할아버지 이야기에
옆에서 같이 걷던 할머니
넘어갈 듯 허리가 젖혀진다

정오쯤
안개가 있던 자리엔
저 멀리 햇빛에 반짝이는 쇠집게와
가득 찬 쓰레기봉투를 손에 쥔
할아버지의 발걸음만이 훠이훠이 멀어져 간다

가드레일에 장단을 치며 흥얼대는
할아버지 등 위로 햇빛 내려앉고
뒤따르던 구부정한 그림자 위에는
깊어가는 후용리의 시월이 일렁인다

3부

⋮

가슴 저미도록 아파했던
계절들의 배반도 슬프지 않습니다

사연들

새벽을 품은 안개가
섬강 위로 곤두박질이다

새들은
지난밤 숨겨진 비밀을 얘기하느라
아침 풀잎의 흔들림은 아랑곳하지 않는다

아스팔트 틈새에서 피어난 꽃들이
지난 겨울 발끝 시린 사연들을
꽃잎마다 이슬로 매달고 있다

나뭇잎은 한가한 정오의 바람에
허연 배를 드러내며 펄럭이고
아직 날아오르지 못한 홀씨는
순응하지 못한 삶이 되어 이리저리 흔들린다

섬강의 수면이 고요해질 무렵
붉은 하루를 보낸
안도의 숨이 세상에 가득하고

사람들의 내일이
강 위에서 선물처럼 반짝인다

입 춘

겨울과 봄 사이
또 다른 하나의 계절이 있었으면
매서운 바람과 따스한 봄볕 사이에서
다르게 불릴 계절
그런 계절이 있었으면 좋겠다

그렇지 못하다면
차디찬 꽃샘추위와 봄볕 사이에
굵은 선 하나를 그어두고 싶다
서로 넘나들지 못할 진하고 굵은 선을

오롯한 봄을 만나고 싶다
악착같은 겨울 끝 계절을 떨쳐내고
숭고한 초록이 언 땅을 비집고
화려한 분홍마저 천지를 덮으면
비로소 나는
그 계절을 봄이라 부를 것이다

겨울도

이름 모를 계절도 지나
시샘 가득했던 마음이 온기를 품는
그러한 봄을 맞이하고 싶다

서랍 속 기억

누군가는
홀연히 사라질 것이라고 하지만
족쇄처럼 얽힌 사연들이 있다

머리가 없어지더라도
심장에 뿌리를 둔 칡넝쿨이 되어
나의 온몸을 칭칭 동여매고 있다

먼저 간 친구의 작은 기억들은
오후쯤 비치는 무거운 햇빛에
땅으로 땅으로 저며져 가고

봄이 숨 쉬고
눈이 녹을 때
조금씩 드러나는 흙빛 기억들을
먹이를 쪼는 새들에게 모두 뺏길 수는 없다

남몰래 넣어둔 사진에
방 모퉁이에 우두커니 선
낡은 서랍이 축축이 젖어가고 있다

18.1km

조금 이른 아침 무실동에서
나에게 주어진 거리이다
막 떠오른 해가 자동차의 창가에 부딪힐 때
주위엔 저마다의 삶을 짊어진 사람들로 가득하다

때론 너무 가까운 거리가 되고
가끔은
선명하게 다가오는 절망의 그림자로
몇 바퀴의 지구를 돌아도 모자란 듯한 거리다

숙제처럼 마주한 거리를 완주하고
지난밤 떠들썩했던 흔적을 지우려 하면
아주 오래된 나의 비밀스러움과도 닮아있는
새파란 다짐들이 술에 취해 널브러져 있다

청춘들의 노랫소리와
어느새 키가 커진 그림자가 후용리를 덮을 때쯤
등 뒤로 지나친 거리보다 긴 오늘이
희미한 가로등과 자동차의 주행거리를 감싸든다

폭설

헤아리지도 못할 눈이 내린다
허공 속 바람에 인 군무로 지친 듯
저마다 땅 위로 거칠게 눕고
길은 형체를 잃고 모두 지워진다

나무는 자신의 한 켠을 내어준다
반으로 잘라놓은 듯 선명하게
가지 위에 햇빛이 앉았던 자리로
기꺼이 눈을 받아들인다

자리 잡지 못하고 날아다니는 눈들이
사람들의 가슴에서 몸부림치면
애써 잠재운 그리움 깨어나고
지친 삶은 순백색 위로 쓰러진다

눈은 모른다
하얗게 쌓인 자신의 몸 위로
시린 밤 잊고 꿈틀거린
봄꽃 하나 피어오를 것을

시린 아침

가로등이 꺼진다
일 초의 망설임도 없이
한꺼번에 꺼져
다시금 어둠이 오는 듯하다

갑자기 꺼진 불빛에
깜짝 놀란 아침이 푸드덕 날아오르고
빼곡했던 나뭇가지 사이의 휑한 여백은
여명으로 채워져 찬 바람에 아른거린다

어슴푸레 밝아오는 아침에
슬며시 말 건네 보려 헛기침을 해보지만
세간에 떠도는 시린 이야기들이
이미 가로등 아래 하얀 성에로 가득하다

가슴만큼 얼어붙은 귓불을 감싸며
칼로 베어낸 듯 한순간에 꺼진 가로등과
비행하는 새들의 울음소리를 뒤로하고
총총걸음으로 집을 향해 돌아선다

가을을 반으로 접었다

손톱으로 꾹꾹 눌러
깊게 꺾인 자국을 내고
기억조차 넘나들지 못하도록 하여
가을을 반으로 접었다

오롯이 이 가을의 반만 내게 두려 한다
누군가 나의 가을을 보려 하면
접혀있는 반만 보여줄 것이다
반으로 접혀있는 가을에는
붉은 단풍이 있고
그리움의 시가 있을 것이다

남은 반의 가을
그 여백엔 겨울이 묻어나도 상관없다
찬 서리꽃 온몸에 피어
이리저리 뒹구는 서러워진 낙엽과
늦가을 밤 차디찬 별이 된 동엽이와
하얀 겨울을 닮아있는 가을은
모두 한곳으로 두고 싶다

그 가을은 개의치 않는다
반으로 접어둔 가을이
온전히 나의 계절로 남아 있을 테니까

짙은 안갯속 11월에 기대앉아
내 가을을 반으로 접었다

데칼코마니

파 문

여름날 세찬 소나기가
기와 위에 떨어져
처마 밑을 지나 방울방울 떨어지며
간절한 파문을 일으키는 것을 보았고

풀꽃향이 코를 스치던
동네 옆 빈 공터에
이젠 볼 수 없는 친구들 웃음소리가
쌓여가는 것을 들었다

정류장

겨울이 깊은 버스 정류장
누군가 피워 논
양철통 안 장작불을 쐬기도 전
저마다 내민 고개 쪽으로 뛰어가는 이른 아침 풍경

모든 것이 꿈 인양 뿌옇다
심장의 뒤편쯤에서
부르지 않은 아픔이
그리움은 매번 묵직한 통증으로 다가온다

나는 낙엽입니다

바람에 찢기고 싸늘한 안개에 식어
메마른 길 위에서 뒹굴며
흙빛 죽음 속에서 살아가는 나는
어쩌면 사람들의 눈에서 흐르는 눈물입니다

떨켜를 붙잡은 몸부림에도 아랑곳하지 않고
바람을 못 이겨 나무를 떠나야 합니다
지나간 가을을 따라간 나무의 정적은
소멸해가고 있는 삶의 아쉬움입니다

가슴 저미도록 아파했던
계절들의 배반도 슬프지 않습니다
잡지 못한 시간에 쓸려 빨간 핏줄 드러나더라도
끝내 못다 한 죽음과 삶의 얘기들만 안고 삽니다

늦은 가을밤
문득 바라본 차가운 달빛에 움찔하며
귀퉁이 어디쯤에서 조금씩 아스러져 가는 나는
죽어서 살아가는 초라한 낙엽입니다

눈 내린 후에

이제야 그친 눈 위를 걷는다
비었던 나뭇가지를 소복이 채우고
어디선가 부는 칼바람에 이리저리 나부끼다
독일어 맥줏집 간판 위에도 잠들었다
제풀에 지친 눈은
하얀 날개인 양 퍼덕이며
움푹 파인 발자국 위로 쌓인다
어쩌다 콧등 위로 떨어진 눈은
하얗게 내쉰 숨과
오래전 추억 따라 녹아가고
골목 어귀마다 맴도는 술 취한 사연들은
코끝이 찡하도록 가슴으로 저며 온다

눈이 내린 후에 사람들은
달빛 업은 기억들을
꾹꾹 밟은 발자국으로 깊이 다져가고 있다

발자국은 하얀 이월을 총총 따라가고 있다

입 추

가을의 시작은
그리 요란스럽지 않을 것이다
얇게 저민 아침 안개와
조금씩 젖은 풀들의 노래로
조용히 마중할 것이다

등줄기엔 아직 여름이 흘러내리고
계절 사이에서 엉거주춤한
키 큰 코스모스의 이파리 위에
날카롭게 떠오른 달이
오늘 입추와 닮은 듯하다

아스팔트 뜨거운 열기는
가벼운 잠자리의 날갯짓에
식어 가고
하얗게 타는 여름은
밤마다 내리는 달빛에
조금씩 가라앉는다

오월

슬픔이 뿌리처럼 자라난다
가버린 봄의 흔적을 찾지 못해
슬픔은 슬그머니
뿌리처럼 자라났다

반짝이는 나뭇잎들을 따라간
찬란했던 오월의 눈부심에도
봄빛 업고 날아오르던
이제는 희미해진 바람의 흔들림에도
슬픔은 조금씩 조금씩 자라났다

사람들이 던져 놓은 오월은
나에게서 그저 슬픈 시로 태어날 뿐
아무렇지 않게 떠나갔다
무엇을 기다렸던가
항상 나의 봄은 헤진 옷소매처럼 낡지 않았나

봄은 가고
오월이 묻은 연녹색의 하늘빛도 사라지고
슬픔은 내 가슴에서 뿌리처럼 자라난다

거리에서

바람이 있던 봄날
회색빛 거리가 나를 불러 세웁니다
어디인지 모를 듯하면서도
어딘가 낯익은 거리입니다

긴 비가 흐르고 있습니다
차가운 비가 온몸을 휘감고 돕니다
그러면 문득
나도 함께 비가 되어 세상 위에 던져집니다

나의 슬픔은 가로등 위에서 서성이다
불빛과 함께 가슴 위로 떨어집니다
거리에서 조용히
겨울 속에 숨겨둔 나를 꺼내 봅니다

불 켜진 거리에 서서
아직은 녹지 못한 슬픔을 꺼내 봅니다
그리고
낯선 나를 봅니다

월요일의 단풍

아슬아슬 매달려 바람에 떨고 있어
사람들의 눈에 아름다운 단풍이 살랑인다
매달리지 못하면 곧 이리저리 찢겨
초라해진 낙엽이 되고 만다

단풍은 가지에서 미끄러지는 햇살을 나누며
사랑하는 이의 가슴처럼 빨갛게 물들어 있고
숨죽인 풀들 위의 낙엽은
측은함을 이기지 못하는 색으로 바래가고 있다

비바람과 왔다가 등 뒤에선 월요일
수많은 단풍이 낙엽이 되던 날
단풍과 낙엽은 사람들에게
서로 다른 가을 이야기를 하고 있다

창

창을 본다
그 자리에 서면 항상 보이는 것들이 보인다
더 이상 고개를 내밀지 않는 건
다른 풍경을 보기 싫어서가 아니다
보이는 것 만으로도 풍요롭기 때문이다

가끔 얼룩이 진다
얼룩은 산이 되기도 하고 때론 망망대해가 된다
아득하게 바라보면 얼룩은 또 시가 된다
파편처럼 여기저기에 묻어 쓸 만한 시어가 된다

밤이 되면 창엔
하늘 속에 안긴 별들이 머물고 있다
어둠에 빠진 창 표면의 내 시어들은
별과 함께 반짝이기 시작한다

창을 본다는 것은
잊고 두었던 마음을 보는 것이다
어둠 뒤에 숨어있는 환한 햇살이
초라한 나의 습작을 비춰 줄 테니까

서리꽃

며칠째 영상의 기온이다
햇빛은 도로 위와 건물 사이를 헤집으며
한겨울을 조롱하듯 머물고
때론 사람들의 언 가슴 위에서 어른거린다
어디선가 말없이 찾아온 저녁은
짙은 안개를 가득 안은 채
아파트 가로등 아래에서 서성이고 있다

밤새
안개는 어둠 위에서 떠돌다
빈 나무껍질을 타고 흐르는
겨울비의 모습을 하였고
새벽 찬 기운에 서로를 비비며
앙상한 가지에 살처럼 스며든다
차갑고 긴 새벽이 지나면
이른 아침 태양의 눈부심 위로
안개는
가지 위에서 새하얀 서리꽃으로 피어난다

문틈 사이

홀로 선 나무가 울고 있는 까닭은
빼앗긴 열매가 그리워서가 아니라
가지 끝에서 이별을 준비하는
몇 개 남지 않은 이파리 때문일 것이다

바람에 섞인 차디찬 달빛은
술 취한 그림자를 엷게 비추고
언제 켜진 지도 모를 가로등 불빛도
얼어가는 땅에 하얗게 겨울을 더한다

문틈 사이를 헤집는 날카로운 비명으로
쉬이 잠들지 못하는 불면의 눈동자들은
모두 각자의 문을 닫고
다가올 겨울을 숨죽여 기다릴 뿐이다

가을은 죽고
나무의 슬픈 울음이 그칠 무렵
바람이 지나간 자리엔
겨울 공터만이 휑한 배를 드러내고 있다

홍어

더 이상 햇빛이 궁금하지 않다
뼈 마디마디까지 삭혀져
사람들의 눈앞에
애와 붉은 살점들을 드러낼 테니까

썩어지지 않은 게 어디냐
죽어야만 다시 사는 나는
코끝이 찡할 만큼 삭혀진
몸뚱어리를 내어준다

외롭지가 않다
씻긴 김치와 갓 삶아진 돼지고기가
기어코 찾아낸 떠도는 미담처럼
따스하게 나를 감싸주기 때문이다

술에 취한 사람들의 입에서 터져 나온 한탄들이
얼마 남지 않은 내 살점을 덮어도
나는 행복하다
그들에게 스민 냄새로 오랜 시간 기억될 테니까

의 자

십 년쯤이 지난 뒤에는
나를 닮은 의자를 하나 갖고 싶다
창가로 스며드는 빛을 받아
언제나 따뜻한 의자였으면 좋겠다

의자와 대화를 꿈꾼다
서툰 세상살이의 상처로
굽어진 등을 온전히 맡길 수 있는
그의 언어를 배우고 싶다

살아온 날들의 미련에 가슴이 저려오는 날
의자 위 짧은 잠을 청할 것이다
무거워지는 어깨를 오롯이 맡긴 채

추 석

이른 아침에 택배가 왔다
명절을 쇠러 온 큰아들이
되다 말다 하는 헤어드라이어를 써 보곤
물어보지도 않고 주문한 게 틀림없다

새벽부터 아내의 들뜬 목소리가 가득하다
무덤덤하게 웃고 있는 아들을 힐끗 쳐다보니
취업의 즐거움이 어깨 위에서 춤을 추는 듯하다
웃음꽃 활짝 핀 아내의 손이 분주하다

가을이 묻어 있었다
툭툭 털어낸 가을 위로
새 헤어드라이어가 모습을 드러낸다
택배로 풍성한 가을이 함께 왔다

숨 결

새벽 비에 젖은 도로가 채 마르기도 전
가득 찬 종이 박스를 가슴에 안은 채
성하지 않은 걸음의 노인이
아파트 모퉁이의 분리수거장으로 향한다

하나하나 정성 들여
플라스틱류와 비닐류를 구분하고
종이 박스도 곱게 펴서 제자리에 둔다
느리지만 분주한 움직임이다

구순에 가까운 삶 속에 모아둔
수천의 감정들이 섞인 박스 안을
기쁨과 슬픔과 후회로 구분하여 담아내다
힘에 겨운 듯 내뱉는 숨결이 한없이 길다

쉽게 버리지 못하고 손에 든
쪼그라든 듯한 그의 모습이 애처롭다
노인의 머리칼을 닮은 잿빛 구름이
서늘한 가을바람에 실려 이리저리 날린다

4부

:

리어카를 끄는 사람의 뒷모습이
불빛 아래 노랗게 물들어 있다

일요일 아침

돌아누웠다

처서가 훌쩍 지나 내리는
빗소리도 개의치 않았다
어디론가 떠나는
자동차의 시동 소리가 귓전에 아스라하다
열어둔 창문을 타고 넘어오는
서늘한 기운이 다리 밑에서 스멀거리고
휴대전화 진동소리가 수십 번이나 울려도
눈길 한 번 주지 않는다

모두 그대로 둔 채
지구 반대편으로 또 돌아눕는다
일요일 아침이니까

늦여름

그 많던 매미가 사라졌다
구름 낀 하늘이 밉지만은 않다
선선한 바람이 반바지 사이로 기어들고
놀이터 아이들의 목소리도 바람만큼 청아하다

거미줄에 갇힌 듯한 질긴 여름은
며칠 간의 가을비에 묻혀버렸다
잠깐 보이는 구름 사이 햇살이
참새의 등 위에 머물다 간다

나뭇잎 끝에 아슬아슬 매달린 여름이
곧 떨어질 물방울처럼 애처로울 때
가을은 오랜 장마로 젖어있는
아파트 외벽을 기어오르고 있다

물방울을 본다

물방울을 보았다
몽글몽글한 세상을 품고
바람따라 찰랑댄다

물방울 속엔
뭉툭 솟아오른 코와
일그러진 얼굴의 사내가 있다
안부를 물었지만 대답이 없다
서로에겐 질문만 오갈 뿐이다
한참이나 쳐다보았다
그는 나를 보고 나는 갇힌 그를 본다

가을비 잘게 부서져 내리는 날
사내를 품은 세상은 금세 추락하고
그 자리엔 또 다른 세상이 모여든다
처진 어깨의 사내는
물방울 속 깊은 곳으로 사라져 간다

첫 눈

예사롭지 않은 11월의 눈발이
섬강의 살갗을 파고든다
강은 쉬이 잠들지 못하고
하얀 밤 아래에서 흐느끼고 있다

강의 기슭으로 모여든 눈은
나의 오래된 기억들처럼 차곡히 쌓여가고
지친 듯 누워있는 낙엽 위로
차디찬 겨울이 되어 스며든다

구름 속에서 서러운 듯 저무는 태양은
어느새 목동이 되어 어둠을 몰고 왔고
나는
날리는 첫눈 속에 하릴없이 서 있다

기억

차창 밖 안개가 비처럼 맺히는 날
침묵으로 남아있던 기억을 꺼내
하나둘
가만히 헤아려 본다

문득 바라본 밤하늘의 별처럼
결국은 헤아릴 수도 없는 이별이
가슴으로 파고들며
답할 수 없는 질문이 된다

밤 별들이 더욱 선명하게 빛을 내고
새벽 안개가 하얀 슬픔이 되어 피어오를 때
나는 어느새 떠오른 햇빛을 보며
머무르지 못한 사람들을 생각한다

가을 색 옅게 흩어진 시월에
오늘도 문막교 아래 섬강 위론 안개 자욱하고
나의 친구는 별이 되어 떠오른다

아픈 헤어짐은 어느새 젖은 눈가로 돌아든다

안개는 더욱 짙어진다

기린의 잠은 불편하다

날씨가 차갑다고 느껴지던 날
문득 가을이 옆에 와있다
차에서 내리니 기다렸다는 듯
바람이 세차게 분다

온통 불안한 내일에
모든 일이 손에 잡히지 않는다
노란 가을도
며칠 전 죽은 내 친구도

모두가 생각에서 지워져 버렸다
오로지 소주 한잔에 잊고 싶은 마음뿐이다
마음속엔 고통의 바람이 불고
싸늘한 비가 내린다

힘없이 떨어지는 낙엽도
매번 찾아오는 어두운 밤도
내 조그마한 머리로는 감당이 어려워

오늘도 끊이지 않는 두통에 잠 못 이룬다

내 머릿속에 기린이 산다

손톱들

언제까지 온전히 내 힘으로
손톱을 깎을 수 있을까

머리 위로 젖혀진 안경은
이미 완성된 단념
피맺힌 손가락 끝은
어쩌면 일상일지도 모른다

내린 눈을 하얗게 비추는 달빛이
깎아낸 손톱보다 더 날카롭게 빛나고
잘게 조각 난 손톱들
내 몸 어딘가를 기웃거린다

기대앉은 일요일 늦은 밤이
달 아래 덩그러니 매달려 있고
길게 자란 나의 시간들
휴지 위에 가지런히 누워 있다

손톱이 빨리도 자란다

가 방

여자의 가방엔 특별한 것이 있다
신은 그녀에게 특별한 선물을 준 것이다

허기가 질 때도
비가 올 때도
날씨가 더울 때도
해결할 수 있는 모든 것이 들어있다

가방 안은 모든 것이 비밀스러우며
가방 속 비밀들도 서로가 모르게 쌓여있다

여자들은
어깨 위에 그리고
팔뚝 어디쯤에서 세상을 메고 다닌다
여자가 가방 안을 살핀다는 것은
세상을 다시 한번 본다는 것이다

오늘도 여자는 등을 보인 채 서서
가방 안 물건들을 만지작거리며
자신을 추스르고 있다

골목길

오래된 골목길엔
지친 사람들의 뒷모습이 산다

새벽녘
사람들의 발걸음이
아직 꺼지지 못한 가로등 밑을
안개와 함께 빠져나오고

해가 든 골목길엔
낮게 자란 탄식들이
뿌연 먼지와 함께
오래된 전봇대 주위를 맴돈다

슬며시 커진
눈치 없는 가로등 불빛은
무거워진 어깨를 다시 한 번 누르고

골목길
리어카를 끄는 사람의 뒷모습이
불빛 아래 노랗게 물들어 있다

양파가 이쁘다

매번 가는 일호 감자탕집이 있다 얼큰하고 맛있어서 소주 두 병은 너끈히 마시고 온다 하루는 접시에 담긴 양파가 말라서 맵고 식감도 좋지 않았다 자주 가는 가게라 아주머니에게 농담 삼아 얘기했더니 통통하고 이쁜 놈으로 골라주시며 한마디 잊지 않는다 특별히 이쁜 놈으로 골랐다고 요즘은 내가 가면 노래를 부른다 양파는 통통하고 이쁜 놈으로 오늘도 잊지 않고 양파 노래를 흥얼거린다 양파가 입안에서 춤을 춘다

오늘 양파가 참 이쁘다

아주 오래전 미숙이도 그랬다

장마전선

나방이 펄떡인다
날개는 이미 젖어 힘겹다
검은색 아스팔트 위에서
용수철에 튕기듯 여러 차례 몸서리를 친다

가로등 밑 눈부심도 잊어가고 있었다
찢겨진 날개로 화려한 의식을 치르곤
금세 지친 모습으로
젖은 몸을 조용히 뉘인다

조금씩 희미해져 가는 숨소리가
물웅덩이마다 흩어질 무렵
반만 남은 나방의 날개 위로
등 굽은 장마전선이 오르내리고 있었다

아침 풍경

높아진 TV 볼륨에 놀라
지난밤 꿈이 온데간데없다
아내의 식전부터의 짜증이
어제 늦게까지 마신 술 탓이 분명하다

주섬주섬 옷가지를 챙겨 입으며
더욱 커지는 소리를 뒤로하고
별일 없다는 듯 슬리퍼를 신고
아내가 켜둔 TV를 노려보며 나왔다

길게 뿜어내는 담배 연기엔
보이지 않을 것 같은 앞날이 하얗게 묻어있다
개운찮은 마음으로 다시 현관문을 여니
설거지 소리도 심상찮다

오늘 아침은 괜한 소리들이
창문을 넘어들어오는
눈이 부실만큼의 햇빛과 함께
거실을 빼곡히 메우고 있다

구 토

시를 쓰다가
구토를 했다
비릿한 시어(詩語)들이
마구 쏟아졌다

세면대 앞으로 갔다
입가에 묻은 시어들을 훔쳐냈다
하수구로 떼 지어 빨려 들어간다
조금도 남김없이 깨끗하게 씻어냈다

녹지 않은 어귀들은
보란 듯이 하수구 마개에 걸려있고
낯부끄러운 단어들이
세면기 여기저기에 얼룩으로 남아있다

시를 쓰다
구토를 하고 또 눈물을 흘리고
애타는 감정만 두터운 겨울과 함께
마음속에 걸쳐져 있다

필리핀에서 배운 겨울

한국의 폭설 주의보를
1월의 필리핀에서 들었다
여기는 한여름인데
한없이 더운 여름인데
조금 전 지나간 구걸하는
예닐곱 살 남짓 아이들의 손 끝에
겨울이 매달려 있었다
언제 어디서 배웠는지
어린 필리피노의 어눌한 한국의 애국가 위로
하얀 눈이 슬프게 내리고
내 가슴엔 차가움이 서걱거렸다

풀꽃

바람이 머문 자리엔
작은 풀꽃들이 살아간다

스치는 바람에 흔들리고
세상에서 가장 낮게 비를 맞으며
햇빛에 그을린 줄기를
서로 비비며 산다

낮은 풀꽃들은
더 이상 바랄 것이 없다
척박한 시멘트를 뚫고
세상을 볼 수 있다는 것만으로도 충분하니까

보도블록 가장자리
노을 아래 선 이름 모를 풀꽃들이
생채기 난 줄기로 서서
흔들리고 흔들린다

발목 아래로
바람이 분다

벽

아주 단단하다
너무나 치밀하여
공기조차 빠져나가지 못할 정도이다
사람들이 세워놓은 벽이다

벽 너머를 알고 싶지만
모른 척 살아가고 싶었는지도
하지만 알고 싶은 마음은 어느새 까치발을 든다
기형(奇形)의 발가락이 만들어졌는지도 모른 채

사람들의 벽에는
수없이 많이 꽃들이 피고 진다
그리 쉽지 않은 삶들이
벽을 타고 피었다 진다

매일을 벽 속에 사는 나는
나의 모든 것을 벽 속에 두었다
발가벗겨진 나의 삶과
기나긴 한숨도 벽에 기대어 있다

창 백

창백이라는 글자를
가만히 들여다보았다
우산 없이 맞는 가을비보다 차가웠다

강 위에서 보았다
아무도 말해주지 않았지만
창백은 강 위에서 떠도는 안개처럼
차갑게 머무르고 있었다

서서히 식어가는 강은
오랜 시간 피어나는 안개와
조용히 내려앉은 달빛에
하얗게 변해만 갔다

한참을 바라본 강은
점점 더 식어갔다
창백이었다

그 날 저녁

신열 같은 창백이

달빛 위로 서서히 번져갔다

고 백

장미가 피어났다
아파트 녹색 펜스를
빨갛게 휘감으며
밤새 은밀하게 피어났다

장미는 화려히 피어났지만
결코 소리하지 않았으며
티끌같이 돋아난 가시가
회전하는 태양 빛에 반짝일 뿐이었다

밤이 되길 기다렸다
검고 짙은 침묵 속에서
빨간 장미가 희끗한 달빛 아래
더욱 붉어지길 기다렸다

그날 밤 장미가
나에게 아무도 모르게 건넨 고백은
결국 감추지 못한
꽃잎의 붉은 향기였다

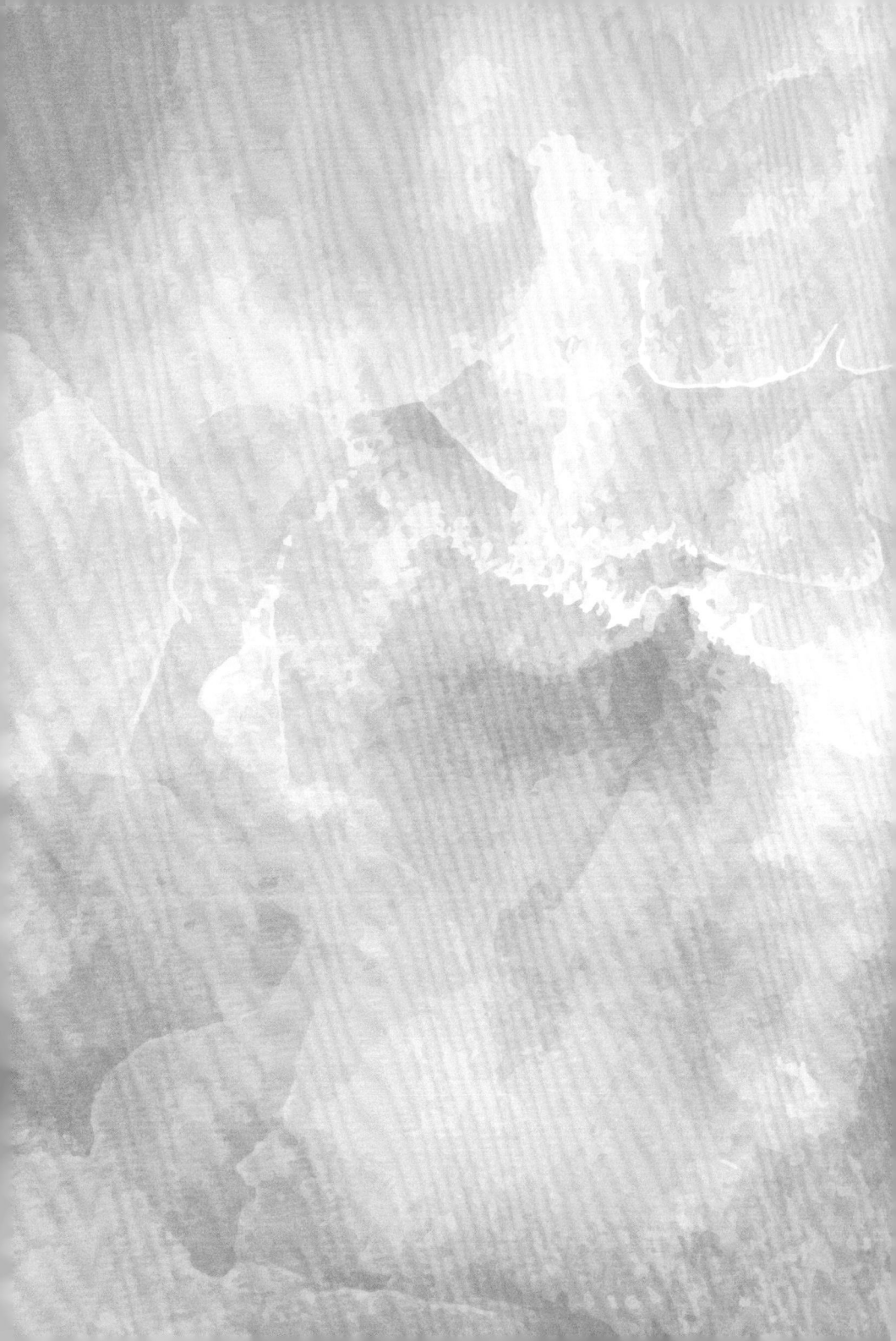

시집 해설

:

안개 숲에서 새롭게 맞는 제5계절

김규성(시인, 문학평론가)

안개 숲에서 새롭게 맞는 제5계절

김규성(시인, 문학평론가)

1.

노벨문학상을 수상한 칠레의 시인 파블로 네루다는 "어느 날 시가 내게로 왔다"고 했다. 그러나 제자리에 가만히 앉아 시신(詩神)의 도래를 기다리는 피동적 시인을 일부러 찾아줄 만큼 시는 가볍지도 한가하지도 않다. 영화〈일 포스티노〉에서 가난한 어부의 아들이자 우편배달부인 마리오에게 시인의 왕관이 주어진 것은 그가 날마다 오묘한 시의 세계를 향해 온몸/한마음으로 달려갔기 때문이다.

시는 순수한 열정과 일사불란한 자유의지, 창조적 탐구의 산물이다. 제2의 창조주라는 절실한 소명의식을 채찍 삼아 끊임없이 정진해야만 그 보폭에 보조를 맞추어 다가오는 시를 만날 수 있다. 시를 향한 시인의 행로는 기존의 고속도로가 아니라 스스로가 개척하고 닦아 나가야 하는 혼자만의 새로운 길이다. 도처에 무수한 반시적 장벽이 도사리고 있는 험준하고 복잡다기한 미로다. 그 미지의 세계에 독창적 언어, 감성, 사유, 의지를 노자 삼아 최대한 화자의 정체를 숨기고 은밀하면서도 흔들리지 않게 다가가야 한다.

우제구는 시 「입춘」에서 상상과 꿈의 사각지대에 시적 여정의 둥지를 튼다. 겨울과 봄의 막간에 또 하나의 막인 '제5계절'을 두고 싶은 창조적 욕구가 시의 얼개를 이룬다. 이를 확대하면 삶과 죽음 사이(이승과 저승 사이)에도 제3의 완충지대를 두어 그 상대성을 극복하는 초월적 영역에까지 상상의 지평을 확장할 수 있다.

겨울과 봄 사이
또 다른 하나의 계절이 있었으면
매서운 바람과 따스한 봄볕 사이에서
다르게 불리울 계절
그런 계절이 있었으면 좋겠다

그렇지 못하다면
차디찬 꽃샘추위와 봄볕 사이에
굵은 선 하나를 그어두고 싶다
서로 넘나들지 못할 진하고 굵은 선을

오롯한 봄을 만나고 싶다
악착같은 겨울 끝 계절을 떨쳐내고
숭고한 초록이 언 땅을 비집고
화려한 분홍마저 천지를 덮으면

비로소 나는
그 계절을 봄이라 부를 것이다

겨울도
이름 모를 계절도 지나
시샘 가득했던 마음이 온기를 품는
그러한 봄을 맞이하고 싶다

-「입춘」 전문

    화자에게 지금까지의 봄은 봄이 아니다. 그가 꿈꾸는 진정한 봄은 상상 속의 봄이다. 실제와 환상 사이에 존재하는 유토피아는 "차디찬 꽃샘추위와 봄볕 사이에", "서로 넘나들지 못할 진하고 굵은 선"처럼 "오롯한 봄"이다. 그러나 마지막 연에 반전의 카드가 숨어 있다. 정작 화자가 그리는 계절은 "겨울도/이름 모를 계절도 지나" 비로소 "마음이 온기를 품는 봄"이다. 미지의 계절이 지시하는 실체는 "마음이 온기를 품는 봄"인 것이다. 그런데 그 봄은 통과의례로 "이름 모를 계절을 지나"야 한다. 봄은 봄이되 봄이 아닌 지금까지의 봄을 온전한 봄으로 새롭게 맞이하고자 하는 진정성의 발로가 시의 종결점이기 때문이다.

2.

　우제구의 이번 시집은 후용리를 기점으로 한다. 후용리는 시의 배경이자 모태로, 시마다 구구절절 몸에 밴 질감의 서사가 고유의 정감과 언어로 교직되어 있다. 후용리를 제목(부제 포함)으로 한 시만 해도 5편이나 되며, 직접 시어로 등장하지는 않아도 대부분 후용리를 소재로 한 시들이 시집 전체를 주도하고 있다. 한강의 제1지류인 섬강을 굽어보는 후용리는 도시 외곽의 농촌으로 특유의 시골 정서가 시적 서정의 주조를 이루는 곳이다. 독자들의 후용리 탐방은 제목 「안개」의 부제 '후용리 가는 길'이 안내한다.

　　　이른 아침 후용리를 향했다
　　　자동차 전용도로가 끝날 무렵 보이는
　　　이제는 낯익은 불투명한 장막이
　　　영혼들의 세상인 듯 자욱하다

　　　깊은 안개 속을 향해 질주하며
　　　갇힌 도시로 들어선다
　　　비상등이 악마의 눈처럼 깜박인다
　　　붉고 노란 눈들이 도로위에서 의식을 행한다

문막교에 가까울 무렵

비가 온 듯 앞 유리가 젖어있다

윈도우 브러쉬로 창문을 닦고 보면

안개는 섬강을 고스란히 삼켰다

왕복 4차선의 신작로에선

옅은 신호등 불빛만이 이정표가 된다

작고 하얀 후용리가 보인다

안개는 계속 진화중이다

-「안개 - 후용리 가는 길」 전문

"이른 아침 후용리를 향했다", 로 시작하는 이 시는 "안개는 계속 진화중이다"는 결구로 마무리를 한다. "낯익은 불투명한 장막"과 "영혼들의 세상인 듯 자욱한" 어둠의 배후는 "옅은 신호등 불빛만이 이정표"인 불투명한 공간이다. 그리고 어둠 속에 작게 숨어 있는 후용리와 그 배후를 흐르는 "섬강을 고스란히 삼킨" 안개가 주범이다. 그런데 카프카의 『성』을 연상케 하는 그 안개는 "계속 진화 중"인 창작의 테제로, 시인이 존재자라면 후용리는 그 그림자 같은 존재다.

안개는 현대시의 특징 중 하나인 모호성의 상징적 장치다. 낯선 은유와 상징, 탈일상의 언어감각, 반어법의 안개를 양파껍질처럼 걷어내고 겹겹의 잠재태 속에서 새롭게 출현하는 발현태와 만날 때, 시는 비로소 독자의 몫이 된다.

"자동차 전용도로가 끝날 무렵"에야 아련히 자취를 드러내는 후용리는 탈문명적 자연의 요람이다. 그 은밀한 미궁은 화자가 후용리의 사계를 노래한 네 편의 시(봄-「후용리의 봄」, 여름-「후용리의 여름」, 가을-「후용리의 시월」, 겨울-「문」)를 통해 새삼 깊어지고 구체화된다.

이를테면 후용리 사계의 연작시인 셈인데, 후용리 시인이 아니면 표상하기 어려운 경험철학이 계절의 분수령을 이루며, 한데 어우러져 한 해의 다채롭고 질박한 시詩 농사를 짓고 있다. 그 핵심 절창들을 아래와 같이 계절 별로 가려 뽑아 음미해 보기로 하자.

시샘 가득한 곱은 바람 따라
후용리 어귀로 들어선다

봄을 준비하는 사람들의 분주함은
뿌려둔 퇴비냄새에도 흠씬 묻어나고(봄)

-「후용리의 봄」 부분

내일 아침은

좀 더 일찍 출근해 보리라는

석연찮은 다짐과 함께

석양 짙어가는 후용리에

한여름의 비밀번호를 걸어둔다(여름)

　-「후용리의 여름」부분

차 문 손잡이엔

어느새 흥건히 시월이 젖어있다

할아버지 등 위로 햇빛 내려앉고

뒤따르던 구부정한 그림자 위에는

깊어가는 후용리의 시월이 일렁인다(가을)

　-「후용리의 시월」부분

자정을 조금 넘겨서야 가게 문을 닫는다
후용리는 어둠에 갇힌 지 이미 오래다
가끔씩 새어나오는 방들의 불빛만이
잠 못 이루는 청춘들의 눈처럼 반짝인다

말 없는 밤은

때때로 불어오는 바람결에 흔들리다

이리저리 뛰는 낙엽에 깜짝 놀라

찬 겨울 서늘함을 더해간다(겨울)

  -「문」 부분

3.

　도연명은 중국 전원시의 대표적 시인으로 일컬어진다. 그의 시문은 당대인 육조시대에도 이름을 떨쳤으며 후대에도 동아시아 각국에서 널리 텍스트로 읽히게 된다. 그의 낙향은 현실도피나 소극적 은거가 아니었다. 고귀한 정신을 육신의 노예로 만들어버린 세속의 삶을 청산하고 청정한 심신을 추스를 수 있는 공간에서 새 출발하기 위한 최선의 선택이었다.

　우제구의 아래의 시「꽃잎이 떨어져도」에서 후용리는 도연명의 귀거래사에 등장하는 남촌처럼 실제의 공간이자 안분지족의 소박한 꿈을 자극하는 별처다. 다시 말해 "술잔엔 아직 술이 남아 있고/매번 반복되는 아내의 잔소리와/봄은 더욱 깊어질 테니", "꽃잎이 떨어져도", "슬퍼해야 할 이유가 없"는 담백한 평상심의 정처다.

바람이다

꽃잎은 바람이 내어준 길을 따라와

때론 작은 소용돌이로 길을 잃었고

침묵의 순간에

조용히 필로티로 내려앉았다

꽃잎은 잠시 서성이다 갈 것이다

사람들의 봄이 기억에서 사라질 때쯤

바짝 마른 길 위에서 뒹굴다

결국은 흔적도 남기지 않을 것이다

꽃잎이 떨어져도

나는 슬퍼해야 할 이유가 없다

술잔엔 아직 술이 남아있고

매번 반복되는 아내의 잔소리와

봄은 더욱 깊어질 테니

　　-「꽃잎이 떨어져도」부분

　　소설도 그렇지만 현대시는 그 배경이 주로 도시고, 도시의 문화와 정서를 통상의 표현기제로 삼는다. 어쩌다 산중이나 농어촌을 주제로 한다고 해도 그 이면에는 도시적 감각의 언어가 주류를 이룬다. 도시 중심의 문학이 시골의 전통과 문화, 언어를 유기한 지는 오래되었다. 그러나 도시에 비해 상대적으로 시골이 홀대받는 것은 자연이 그 본분을 상실한 것과 같은 치명적 폐해를 낳는다는 사실을 기억해야 한다.

우제구 시의 주 무대는 농촌이며 자연이다. 자연친화적 서정성이 시 전반의 바탕과 핵심을 이룬다. 모처럼 도시를 배경으로 쓴 시도 그 이면에는 후용리의 정서가 집단무의식처럼 뿌리 깊은 구심력과 내재율을 이룬다. 아래의 시 「병원이야기」는 후용리를 떠나 서울 병원에 입원한 임씨의 가감 없이 진솔한 사연이 주제다. 그 불가피한 외도의 이면에는 몸 따로 마음 따로의 이중적 상대성에 대한 씁쓸한 풍자가 "인적 뜸한 후용리"의 토속적 정조를 배경으로 뒷북을 치듯 자리 잡고 있다.

임씨의 서울 병원 예찬론은

오늘도 어김없다

다리뼈가 보일만큼

살을 도려낸 이야기와

빨리 나으려면

무조건 서울을 가야 한다며

나는 한 번도 못 가봤지만

스무 번도 더 다녀온 듯한

서울 병원 이야기에

애써 끊은 담배연기를 함께 마시며

까맣게 변해가는 하늘을 힐끗 올려다본다

퇴원이야기가 나올 때 쯤

인적 뜸한 후용리와

임씨의 병원 이야기가

조용히 봄비를 맞고 있다

-「병원 이야기」부분

 임씨는 "빨리 나으려면/무조건 서울을 가야 한다"는 지론을 펴지만, 그에게 퇴원 후 마음의 안식처는 후용리다. 수술 때문에 잠시 서울병원 예찬론자(그렇다고 서울 예찬은 아니다)로 변신했던 임씨는 "퇴원이야기가 나올 때 쯤/인적 뜸한 후용리와" 함께 "조용히 봄비를 맞는" 탈문명적 자연회귀의 형세를 취한다. 탯줄과도 같은 화자의 현주소는 어김없이 후용리인 것이다.
 우제구의 시 중 도시문명에의 이질감에 얼비친 자연회귀 현상은 다음 시에서도 이어진다.

빗줄기가 세차진다
그들이 아스팔트 위에서 사라지기 시작한다
깜빡이던 파란불과 함께 없어진다
모두가 빗속에 녹아들었다
사람들은 횡단보도 끝 빗물속에서 어른거린다

하얀선들은 다시 사람들을 갈라놓는다
또 다른 사내가 횡단보도 앞에 홀로 서 있다

-「횡단보도앞, 비」 부분

 아스팔트 문명을 상징하는 횡단보도는 기계적 지시를 반복하는 신호등을 고용해 떠밀리듯 바쁜 행인들의 걸음을 제어한다. 일정한 간격으로 "파란불과 깜빡이다 없어지는" 순간의 마술은 하얀 횡선 위에 "사람들을 갈라놓는" 시간의 덫이다. 동일한 인간을 자연인과 문명인으로 이분화하는 반자연의 횡단보도에는 존재감이 실종된 고독한 군상이 빗줄기 속에 "홀로 서 있"을 뿐이다.

4.
 전투에서, 총기를 끌어안고 적진을 향해 진격하는 자세에 따라 낮은 포복과 높은 포복, 응용포복으로 그 유형이 나뉜다. 이를 시 창작에 비유하면 낮은 포복은 가까이 있는 사물과의 대화를 통해 시의 섬세한 자장에 이르는 미시적 접근 방식이고, 높은 포복은 멀리 떨어져 있는 우주의 실상과 마주하며 시의 고지에 도달하는 거시적 접근 방식이다. 한편 응용 포복은 변화무쌍한 시간과 공간의 통시적/공시적 형상화를 통해 시의 본질에 다가가는 화용적 접근방식이다. 여기에서 적진은 시에, 총기는 언어에 비유할 수 있다. 또 은폐는 은유에 엄폐는 상징에 해당한다고 볼 수 있다.

　후용리에서 출발해 낮은 포복과 높은 포복, 응용 포복을 아우르며 마침내 적진(시)에 이른 우제구는 옷깃을 여미듯 시인의 왕관을 고쳐 쓰고 후용리로 귀환한다. "자동차 전용도로가 끝나는" 횡단보도 저만치 안개 자욱하던 후용리는, 돌이켜 보면 자연의 순리를 좇아 마음이 따뜻한 봄을 추동하는 "따스한 바람"의 진원지이기 때문이다.

　아래의 시「바람이 분다」도 후용리를 배경으로 한 시인데 제목은 폴 발레리의 "바람이 분다, 살아야 겠다"는 시 구절을 연상케 한다. 여기에서 화자는 "바람이 분다"에 괄호를 치고 (에드문트 후설의 에포케처럼) 괄호 안에 "살아야겠다"는 침묵의 언어를 배치하는 함축미를 선보인다.

　　그 날 하루
　　무심하게 부는 바람은
　　따스히 감싸줄 줄 알았는데

겨울바람에 묻은 봄 빛 얼룩뿐이었다

겨울은 꼬리에 꼬리를 물고
쉬이 떠나지 못하며
바람 속에 잠깐 스민 봄이
어쩌다 코끝을 스쳐 지날 뿐이다

나무들은 아직
퀭한 모습으로 삐걱삐걱 흔들리고
혼자서 반짝이는 살갗의 용수천만이
물길 따라 바쁜 걸음이다

바람 불면
후용리 마을 모퉁이마다
채 여물지 못한 웃음소리와
아주 오래 된 낡은 미소가
까만 비닐봉투가 되어 이리저리 섞여 나부낀다

 -「바람이 분다」전문

"혼자서 반짝이는 살갗의 용수천만이/물길 따라 바쁜 걸음"을 할뿐, "바람 속에 잠깐 스민 봄이/어쩌다 코끝을 스쳐 지날 뿐이"

고, "채 여물지 못한 웃음소리와/아주 오래 된 낡은 미소가/까만 비닐봉투가 되어 이리저리 섞여 나부"끼는 후용리는 예나 이제나 외형상으로는 크게 달라진 게 없다. 무상한 세월 속에서도 여전히 제 모습과 정서를 간직하고 있는 후용리의 실상이다. 바람 따라 떠돌며 바람에 부대끼다가, 돌아와도 여전히 후용리에는 바람이 불고, 미지의 봄이 기다려지는 미완의 공간이다. 그러나 여기에서 주목할 점은 미완이야말로 화자가 발견한 궁극의 섭리라는 사실이다. 완성은 정상에서 기다리는 게 아니고, 인간의 발길이 미치지 않는 정상 너머에 위치하는 불가해한 세계일 뿐 지상에 완벽이란 허용되지 않기 때문이다. 따라서 현실(현재)과 이상(미래) 사이의 간격(결핍)은 니체의 영원회귀처럼 동어반복적 삶에의 의지를 추동하는 동력의 원천인 셈이다.

  치열한 삶에의 의지를 상징하는 바람은 아래의 시에서 만고풍상을 우려낸 한 잔의 목련차로 화현한다. 후용리를 떠나 목련차와 함께 귀환한 바람은 예전의 바람이 아니라. 변증법적 정화 과정을 거친 봄의 화신인 것이다.

    추위가 채 가시기 전
    아파트 모퉁이 끝에 서 있는
    이미 죽은듯한 나무엔
    하얗게 목련이 피어날 것이다

조그만 꽃망울을 만들어

봄이 머지않았음을 전해줄 것이고

꽃망울은 곧 하얀 꽃잎으로

초록으로 다가오는 봄을 맞을 것이다

나는 봄이 더 짙어지기 전에

별처럼 반짝이는 목련 봉오리를 따서

햇빛 가득한 창가에 앉아

뜨거운 물을 부어 차로 우려낼 것이다

찻잔속에서 퍼지는 목련향은

차분히 봄을 읽어낼 것이고

어른어른 비치는 잔 속의 하얀 겨울을

후후 불어내며 조금씩 조금씩 마실 것이다

-「목련차」 전문

  자연을 배경과 소재로 하는 시인에게 행복은 가깝고 사소한 데서부터 신비롭게 출발해 그 부피와 중량을 키운다. 우제구도 사소한 것에서 행복의 본질을 찾아 누리는 지혜가 습관적으로 체화되어 있다. 그 정황은 위의 시 「목련차」에 잘 나타나 있다. 화자는 "별처럼 반짝이는 목련 봉오리를 따서/햇빛 가득한 창가에 앉아/

뜨거운 물을 부어" 우려낸 차를 "후후 불어내며 조금씩 조금씩 마신"다. 그 찻잔 속에는 "봄이 머지않았음을 전해"주는 은근한 소식이 담겨있다. 이미 오래 전에(실은 처음부터)와 있는 것을 소소한 일상 속에서 보물찾기하듯 재확인하는 그 봄은 그의 시에서 영원을 담보하는 '변증법적 순리'로 형상화된다.

우주만물은 시간과 공간의 합작이다. 시간은 공간을 통해 변화를 입증하며, 공간은 시간을 통해 구체적 현상을 확인한다. 시에서 공간은 배경과 바탕을 이루는데 비해 시간은 다양한 창조의 동력으로 작용한다. 이런 시간과 공간의 변화를 소재, 혹은 주제로 시는 탄생한다. 시의 표현기제인 언어는 지역, 역사, 문화의 시간적 변화와 추이에 따라 다양한 내용과 외형을 선보인다. 따라서 언어에 민감할 수밖에 없는 시인의 언어는 저마다의 시간의식 혹은 시간감각과 동의어다. 우제구의 이번 시집에도 시간을 주제로 한 시들이 대부분을 차지하고 있다. 그만큼 변화에 민감하고 그 변화를 자신의 언어로 담아내는 데 익숙해 있음을 알 수 있다. 이점은 우제구가 부단히 정진하는 미래지향적 시인으로 스스로를 자리매김하는 일차적 자산이다.

기린의 잠은 불편하다

펴 낸 날 2025년 7월 30일

지 은 이 우제구
펴 낸 이 이기성
기획편집 최인용, 이지희, 서해주, 권희연
표지디자인 최인용
책임마케팅 이수영, 김정훈
펴 낸 곳 도서출판 생각나눔
출판등록 제 2018-000288호
주 소 경기도 고양시 덕양구 청초로 66, 덕은리버워크 B동 1708, 1709호
전 화 02-325-5100
팩 스 02-325-5101
홈페이지 www.생각나눔.kr
이 메 일 bookmain@think-book.com

· 책값은 표지 뒷면에 표기되어 있습니다.
  ISBN 979-11-7048-612-1 (03810)

Copyright ⓒ 2025 by 우제구 All rights reserved.
· 이 책은 저작권법에 따라 보호받는 저작물이므로 무단전재와 복제를 금지합니다.
· 잘못된 책은 구입하신 곳에서 바꾸어 드립니다.